I0840981